Martha Steinmeyer

Kommunion & Konfirmation

Einladungen, Tischkarten & Kerzen

CHRISTOPHORUS

Inhalt

Ein besonderer Tag

Mit dem Fest der Kommunion oder der Konfirmation beginnt ein neuer Lebensabschnitt im Leben Ihres Kindes. Der Tag, an dem dieses Fest begangen wird, ist ein ganz besonderer Tag, an dem Ihr Kind im Mittelpunkt der Familie und der Gemeinde stehen wird.

Die Vorschläge in diesem Band helfen, das vorstehende Ereignis besonders liebevoll zu gestalten und ihm auch privat einen festlichen Rahmen zu verleihen. Sie finden Entwürfe für Einladungskarten, Tisch- und Menükarten, Serviettenhalter, Kerzen oder Danksagungskarten. Damit erhält das Fest Ihres Kindes eine ganz besondere und individuelle Note.

Für jeden Geschmack ist etwas dabei: klassisch schöne Karten in Gold oder Silber, aber auch moderne Karten mit stilisierten Formen.
Bei den meisten Karten finden christliche Symbole wie das Kreuz, der Fisch oder die Taube Verwendung. Alle Entwürfe sind anhand der Anleitung und der Vorlagen leicht und schnell nachzuarbeiten. Suchen Sie gemeinsam mit Ihrem Kind die Karten oder die Tischdekoration aus, die ihm am besten gefällt.

Dann wünsche ich Ihnen sehr viel Freude beim Gestalten der Karten oder Dekorationen, Ihnen und Ihrem Kind vor allem aber auch ein rundum gelungenes Fest und einen wunderschönen Tag!

Material & Technik

Die Grundkarten
Die Grundkarten sind zusammen mit den passenden Kuverts im Handel erhältlich. Sie lassen sich aber auch aus Fotokarton selbst zuschneiden.
Für die Einlegepapiere eignen sich schöne Brief- oder auch Transparentpapiere. Das Einlegepapier etwas kleiner als die Karte zuschneiden.

Karten aus Wellpappe
Karten aus Wellpappe sind in der Größe 17 x 12 cm im Handel erhältlich.
Wer sie selbst herstellen möchte, sollte auf die Laufrichtung der Wellpappe achten und kann sich das Falten der Wellpappe durch einen Trick erleichtern: Vor dem Falten auf der Rückseite zunächst ein Lineal an die Knickkante anlegen und daran anschließend mit einer Schere entlangfahren. Das Falten gelingt jetzt mühelos und exakt.

Kleber
Neben flüssigem Klebstoff findet bei den Karten hauptsächlich ein transparentes, doppelseitiges, 3 mm breites Klebeband Verwendung.
Um einzelne Segmente plastisch hervorzuheben, kommen häufig 3D-Klebebänder zum Einsatz, die als Abstandshalter fungieren.

Hilfsmittel
Bastelunterlage, Cutter, Bleistift, Schere, Klebstoff, Nadel und Faden, Stecknadeln, Locher und Lochzange werden häufig verwendet und in den Materiallisten nicht extra aufgeführt.

Vorlagen übertragen
Über das gewünschte Motiv auf dem Vorlagebogen Transparentpapier legen und die Linien mit Bleistift abzeichnen. Das Transparentpapier auf festen Karton kleben und das Ganze dann konturengenau ausschneiden. Die Schablone auf das gewünschte Material legen und mit dem Bleistift umfahren. Bei Rechtecken lassen sich die Maße einfach von der Vorlage abmessen und dann auf das gewünschte Material übertragen.

Vorlagen für die Beschriftungen
Die Beschriftungen können vom Vorlagenbogen kopiert oder über das Internet als Pdf-Datei ausgedruckt werden. Auf diesem Wege erhalten Sie die Schriften in den Originalfarben. Die Internetadresse ist:
www.christophorus-verlag.de/service.
Beim Kopieren oder Ausdrucken am besten ein festeres Papier verwenden. Sollen die kopierten Schriften farbig werden, die Schrift mit einem Filzstift in der gewünschten Farbe nachziehen.

Schriften mit Rub-Off-Methode

Im Fachhandel sind Schriftzüge in Form doppelseitig klebender Sticker erhältlich. Einfach auf die gewünschte Stelle kleben, die obere Klebefolie abziehen und das Samtpapier mit der samtigen Seite auf den Schriftzug drücken. Der Samt bleibt haften, eine reliefartige Oberfläche entsteht.

Kerzen gestalten

Das Motiv von der Vorlage kopieren, ausschneiden und auf die Wachsplatte legen. Gerade Linien mit dem Cutter und einem Lineal schneiden, runde Formen mit einer feinen Schere schneiden.
(Hier das rückseitige Schutzpapier der Wachsplatte abziehen.)
Sehr filigrane Konturen mit einer Stecknadel ausschneiden.
Vor dem Aufbringen die Kerzenoberfläche mit der Handfläche erwärmen. Erst dann die Wachsmotive mit leichtem Druck anbringen.
Für die Schriften am besten fertige Buchstaben aus Wachs im Fachhandel erwerben.
Wer gerne selbst Wachsbuchstaben herstellen möchte, kann Buchstaben vom Stickerbogen auf eine Wachsplatte kleben und die Konturen mit der Stecknadel ausschneiden.

Stempeln mit Embossingtechnik

1 Ein A4-Papier als Unterlage verwenden. Den Stempel leicht auf das Embossing-Stempelkissen streichen oder tupfen, dann den Stempel auf die gewählte Karte stempeln.

2 Den feuchten Stempelabdruck sofort großzügig mit Embossingpulver bestreuen.

3 Das überschüssige Pulver auf die A4-Unterlage abklopfen, die Unterlage falten und das überschüssige Pulver wieder zurück in das Döschen schütten.

4 Die Karte mit dem Stempelabdruck vorsichtig mit Abstand über einem Toaster oder mit dem Föhn erhitzen. Das Pulver schmilzt, es entsteht eine reliefartige Oberfläche.

Material

Alle Motive

- Fotokarton in Weiß, Rosa oder Flieder
- Transparentpapier „Glaube, Liebe, Hoffnung"
- Doppelseitiges Klebeband, transparent, 3 mm
- 3D-Klebestreifen

Einladungs- und Danksagungskarte

- Karten in Rosa oder Flieder, 13,5 x 13,5 cm
- Feinwellpappe in Rosa oder Flieder
- Perlmuttknopf in Weiß, 1,5 cm ∅

Danksagungskarte

- Duo-Sticker „Einladung/ Dankeschön"
- Garn in Silber
- Samtpapier in Weiß
- Foto, etwa 13 x 9 cm

Tischkarte

- Rundkopfklammer in Rosa oder Flieder
- evt. Filzstift in Rosa oder Flieder

Serviettentasche

- Perlmuttknopf, 2 cm ∅
- Garn in Silber

Vorlagen A1 - A4

Briefe in Pastell

Einladungskarte

Alle Elemente nach Vorlage A1 gestalten. Zunächst die Grundkarte herstellen, dann das zugeschnittene Transparentpapier mit Klebeband daraufkleben. Das Dreieck aus Fotokarton ausschneiden und den Knopf annähen. Nun das Textsegment anfertigen (siehe Anleitung Seite 4) und aufkleben. Das Dreieck mit 3D-Klebestreifen auf der Karte fixieren. Die Menükarte, falls gewünscht, wie die Einladungskarte herstellen, nur den Schriftzug „Menü" vom Vorlagenbogen verwenden.

Danksagungskarte

Die Karte nach Vorlage A2 arbeiten. Die Grundkarte aus Wellpappe herstellen (siehe Anleitung Seite 4). Das Foto aufkleben. Zwei Dreiecke aus weißem und fliederfarbenem Fotokarton schneiden, übereinanderkleben und den Knopf annähen. Nach der Rub-Off-Methode (siehe Anleitung Seite 5) den Schriftzug aufbringen. Nun das fertige Dreieck mit 3D-Klebestreifen fixieren.

Tischkarte

Die Karte nach Vorlage A3 herstellen. Das Transparentpapier zuschneiden und fixieren. Das Dreieck aus weißem Fotokarton schneiden, beschriften und mit 3D-Klebestreifen aufkleben. Zum Schluss die Rundkopfklammern anbringen.

Serviettentasche

Nach Vorlage A4 herstellen. Transparentpapier mit doppelseitigem Klebeband auf den Fotokarton kleben. Die Tasche anschließend mit einem angenähten Knopf verschließen.

Dankeschön
EINLADUNG
Bastian

Silberne Ranken

Material

Alle Motive

- Fotokarton in Silber, Dunkelblau
- Batikpapier „Accanthus" in Blau mit Rankenmotiv

Einladungs- oder Menükarten

- Karte in Dunkelblau, 21 x 10,5 cm, A6
- Kordel in Silber, 1 mm
- Rundkopfklammern in Platin
- Stempel „Kreuz" oder „Pax"
- Embossing-Stempelkissen, transparent
- Embossingpulver in Silber
- 3D-Klebestreifen

Tischkarte

- Rundkopfklammern in Platin
- Stickerbogen mit Punkten und Buchstaben in Silber oder Silberstift
- 3D-Klebestreifen

Vorlagen B1 - B3

Einladungs- oder Menükarten

Nach den Vorlagen B1 (rechte Karte) oder B2 (linke Karte) arbeiten. Zunächst aus dunkelblauem Fotokarton das Rechteck für die vorderen Motive schneiden. Diese mit Embossingtechnik (siehe Anleitung Seite 5) aufbringen.
Das unterste, silberne Rechteck ausschneiden. Das Stempelsegment auf die Rückseite des Batikpapiers kleben und wie abgebildet erneut ausschneiden. Die Rundkopfklammern anbringen, das Ganze mit 3D-Klebestreifen auf dem silbernen Rechteck fixieren.
Die großen Rechtecke aus silbernen Fotokarton und Batikpapier ausschneiden. Zunächst das silberne Rechteck an den linken Rand der Karte kleben, dann mittig darauf das Batikpapier setzen. Von der Kordel 35 cm abschneiden und am Kartenrücken anbringen. Nun wie abgebildet die Verzierung auf die Karte kleben.

Tischkarte

Nach Vorlage B3 herstellen. Die Grundkarte und das Namenssegment aus dunkelblauen Fotokarton schneiden.
Das Namenssegment mit Buchstaben vom Stickerbogen und silbernen Punkten versehen. Zwei Rechtecke aus silbernem Fotokarton und Batikpapier schneiden und auf die Grundkarte kleben. Das Namensschild darauf fixieren.

Serviettenring

Aus dunkelblauem Fotokarton einen Streifen, 13 x 6 cm, aus silbernem Fotokarton, 13 x 4,5 cm, und aus Batikpapier, 13 x 3,5 cm, schneiden. Die Streifen wie abgebildet übereinanderkleben, zum Ring biegen und hinten zusammenkleben.

OMA

Erinnerungsalbum

Material

Erinnerungsalbum

- Fotoalbum in Blau, 20,5 x 20,5 cm
- Fotokarton in Silber
- Batikpapier „Accanthus" in Blau mit Rankenmotiv
- Fotografie, ca. 6 x 8 cm
- Rundkopfklammern in Platin
- 3D-Klebestreifen

Danksagungs-Kärtchen

- Fotokarton in Silber, Dunkelblau
- Batikpapier „Accanthus" in Blau mit Rankenmotiv
- Foto, ca 9 x 4,5 cm
- Silberkordel

Kerze

- Kerze in Weiß, 20 cm hoch, 8 cm Ø
- Wachsplatte in Silber, Dunkelblau
- Wachsstreifen in Silber, 1 mm breit
- Wachsbuchstaben in Silber

Vorlagen B4, B5

Erinnerungsalbum

Vom silbernen Fotokarton ein Rechteck, 20,5 x 13 cm, vom Batikpapier eines mit den Maßen 20,5 x 11,5 cm anfertigen. Beide Papiere wie abgebildet auf das Fotoalbum kleben.
Das Foto auf die Rückseite des Batikpapiers kleben, das Ganze mit Rand erneut ausschneiden und die Rundkopfklammern anbringen. Das Foto-Segment auf ein 1 cm größeres, silbernes Rechteck kleben und dieses dann mit 3D-Klebestreifen auf dem Album anbringen.

Danksagungs-Kärtchen

Nach Vorlage B4 arbeiten. Auf blauen Fotokarton das Kreuz mit Embossingtechnik anbringen (siehe Anleitung Seite 5). Grob ausschneiden und auf die Rückseite des Batikpapiers kleben, erneut mit Rand ausschneiden.
Das Foto und das Kreuz auf die entsprechend zugeschnitten, silbernen Rechtecke bringen. Diese dann auf die blauen Kärtchen kleben. Oben ein Loch stanzen und beide Kärtchen mit der silbernen Kordel verbinden.

Kerze

Nach Vorlage B5 aus dunkelblauer Wachsplatte das große Basiselement, aus der silbernen Wachsplatte das kleine Rechteck schneiden. Wie abgebildet auf der Kerze anbringen (siehe Anleitung Seite 5).
Die silbernen Wachsstreifen rankenartig auf der blauen Fläche anbringen. Kleine längliche Blätter aus dem Wachsstreifen schneiden und an den Ranken fixieren.
Die Wachsbuchstaben auf dem zurechtgeschnittenen, kleinen blauen Segment anbringen. Dieses dann auf der Kerze fixieren.

SILKE

Kleine bunte Fische

Material

Für alle Motive

- Geprägtes Papier mit Fischmotiv

Einladungs- und Tischkarte

- Feinwellpappe in Silber
- Tonpapier in Silber
- Glas-Halbperlen in Weiß, 0,3 cm ∅

Einladungskarte

- Karte in Weiß, 17 x 12 cm, B6
- Stickerbogen „Einladung" in Silber

Tischkarte

- Fotokarton in Weiß
- Silberstift

Danke-Päckchen

- Fotokarton in Blau
- Duo-Sticker „Danke"
- Samtpapier in Weiß
- Kordel in Blau, 0,3 cm ∅

Teelichthalter „Fische"

- Teelichthalter „Fisch" aus Pappe, 2 x 4 cm hoch
- Metallicfarbe in Silber
- Haushaltsschwämmchen

Vorlagen C1 - C3

Einladungskarte

Nach Vorlage C1 herstellen. Aus dem Papier mit Fischmotiv ein Rechteck, 13 x 9,5 cm, schneiden und links oben auf der Karte fixieren.
Den Streifen aus silbernem Tonpapier und den Fisch aus Wellpappe schneiden und aufkleben. Die Halbperle und den Schriftzug „Einladung" anbringen. Einen weiteren silbernen Streifen, 0,3 x 7 cm, wie abgebildet mittig auf den Fisch kleben.

Tischkarte

Vorlage C2 zu Grunde legen. Weißen Fotokarton und Papier mit Fischmotiv ausschneiden und wie abgebildet aufeinanderkleben. Vorne rechts einen silbernen Streifen, 0,5 x 5,7 cm, anbringen.
Die Wellpappe und den weißen Fotokarton für das Namensschild zuschneiden und vorne aufkleben. Den Namen mit Silberstift auftragen und rechts und links die Halbperlen fixieren.

Danke-Päckchen

Nach Vorlage C3 aus dem Papier mit dem Fischmotiv ausschneiden, zusammenkleben und falten (siehe auch Anleitung Seite 28). Das Danke-Kärtchen aus blauem Fotokarton schneiden, den Schriftzug mit der Rub-Off-Methode aufbringen (siehe Anleitung Seite 5) und das Schild lochen, nach Befüllen mit der Kordel verschließen.

Teelichthalter „Fische"

Die Metallicfarbe mit dem Haushaltsschwämmchen auftupfen und trocknen lassen.

Celina
Einladung
Danke

Weiße Taube auf Orange

Material

Einladungs- und Danksagungskarte

- Karten in Weiß, 17 x 12 cm
- Fotokarton in Weiß
- Stanzteil „Vogel"
- Geprägtes Streifenpapier „Stream" in Orange
- Strohseide oder Naturpapier in Orange
- Kordel in Lachs
- 3D-Klebestreifen
- evt. Filzstift in Orange

Danksagungskarte

- Foto, 11 x 6,5 cm

Kerze

- Kerze in Weiß, 15 cm hoch, 8 cm Ø
- Wachsplatten in Weiß, Orange
- Kreide oder Buntstift in Gelb
- Stickerbogen mit Buchstaben
- Wachstaube in Weiß
- Gabel

Vorlagen D1 - D3

Einladungs- und Danksagungskarte

Für die Einladungskarte nach Vorlage D1, für die Danksagungskarte nach Vorlage D2 arbeiten.
Das orangefarbene Streifen- und Naturpapier zuschneiden und auf die Grundkarte kleben. Die Taube ausstanzen und mit 3D-Klebestreifen fixieren. Nun die Textsegmente fertigstellen (siehe Anleitung Seite 4).
Den Text auf der Einladungskarte oder das Foto mit 3D-Klebestreifen auf der Karte fixieren. Das Danke-Schild auf dem orangefarbenen Streifenpapier anbringen und mit wenig Rand ausschneiden. An der auf der Vorlage mit Pfeil markierten Stelle einen kleinen Schlitz in die Faltkante schneiden. Die Kordel durchziehen und vorne zum Knoten binden. Bei der Danksagungskarte das Kärtchen mit einbinden.

Kerze

Aus der orangefarbenen Wachsplatte nach der Vorlage D3 die großen Rechtecke, aus der weißen Wachsplatte 2x das kleine Rechteck schneiden.
Auf der größeren, orangefarbenen Wachsplatte mit einer Gabel Linien ziehen. Mit einer Schere Farbpartikel von der Kreide abschaben und mit dem Finger auf der Wachsplatte verteilen. Nach dem Einfärben erneut vorsichtig feine Linien mit der Gabel ziehen.
Alle Segmente wie abgebildet auf der Kerze anbringen. Das weiße Rechteck doppelt auflegen, nun die Taube oben anbringen. Die Buchstaben vom Stickerbogen auf die orangefarbene Wachsplatte kleben und mit einer Stecknadel ausschneiden, auf der Kerze anbringen.

EINLADUNG
zur
KOMMUNION
ANNA
DANKE

Weiße Taube auf Rot & Blau

Material

Einladungs-, Menü- & Tischkarte

- Fotokarton in Weiß
- Stanzteil „Vogel"
- Geprägtes Streifenpapier „Stream" in Rot oder Blau
- Faserseide oder Batikpapier in Rot oder Blau
- Geschenkband in Weiß, 3 mm breit
- Filzstifte in Rot oder Blau
- 3D-Klebestreifen

Einladungskarte

- Karte in Weiß, 17 x 12 cm, B6

Menükarte

- Karte in Weiß, 21 x 10,5 cm, A6

Serviettenhalter

- Fotokarton in Weiß
- Geprägtes Streifenpapier „Stream" in Rot oder Blau
- Faserseide oder Batikpapier in Rot oder Blau
- Geschenkband in Weiß, 3 mm breit

Vorlagen D1, D4, D5, D6

Einladungs- und Menükarte

Die Karten nach der Beschreibung auf Seite 14 und den Vorlagen D1 (Einladungskarte) und D4 (Menükarte) anfertigen. Die Kordel durch das weiße Geschenkband ersetzen. Die Schriften kopieren und mit Filzstift ausmalen oder aus dem Internet ausdrucken, dann ausschneiden.

Tischkarte

Die Tischkarte nach der Vorlage D5 aus weißem Fotokarton schneiden und dann nach dem Prinzip der Einladungs- oder Menükarten fertigstellen. Die Namen mit Filzstift auf den weißen Fotokarton schreiben und das Ganze vorne mit 3D-Klebeband fixieren.

Serviettenhalter

Nach Vorlage D6 gestalten. Das Textsegment „Guten Appetit" kopieren und mit Filzstift nachfahren oder vom Internet ausdrucken, dann ausschneiden. Den Umriss 2x auf weißen Fotokarton übertragen und ausschneiden. Auch die beiden Rechtecke aus Faserseide und Streifenpapier schneiden und eines der weißen Elemente damit bekleben, das Textsegment darauf fixieren. Die beiden Rechtecke übereinanderlegen. Rechts und links die Löcher stanzen, Bändchen durchziehen und zu kleinen Schleifen binden. Zwei Servietten einlegen.

MENÜ
EINLADUNG
FRANK
SILKE
Guten Appetit Guten Appetit

Florales Design

Material

Alle Motive

- Karte in Flieder oder Weinrot, 17 x 12 cm, B6
- Fotokarton-Reste in Weiß, Rosa, Zartgrün
- Geprägtes Papier mit Blumenstrauß-Motiv
- Organzaband in Grün oder Papierkordel in Weinrot
- 3D-Klebestreifen

Einladungskarten

- Stempel mit Einladungstext
- Embossing-Stempelkissen, transparent
- Embossingpulver in Grün

Tischkarten

- Filzstift in Grün

Vorlage E1

Einladungskarten

Vom geprägten Blumenpapier ein Rechteck, 12 x 15 cm, zuschneiden und wie abgebildet auf die Karte kleben. Ein Rechteck, 7,5 x 4,5 cm, aus weißem Fotokarton zuschneiden. Den Schriftzug „Einladung" mit Embossingtechnik anbringen (siehe Anleitung Seite 5). Das Ganze nun auf farbig passenden Fotokarton aufkleben und so ausschneiden, dass ein schmaler Rand stehen bleibt. Entweder wie auf der linken Karte einen Schlitz in den Kartenrücken schneiden, Papierkordel durchziehen und vorne zur Schleife binden, dann das gestempelte Kärtchen stanzen und daran festbinden. Oder wie auf der rechten Karte drei Löcher in das Schriftkärtchen stanzen, jeweils 15 cm vom Organzaband abschneiden, zur Hälfte legen, durch das Loch ziehen und zur Schlaufe binden. Zum Schluss die Schriftkärtchen mit 3D-Klebestreifen auf den Karten fixieren.

Tischkarte

Nach Vorlage E1 gestalten. Grundkarte und Namensschild aus farbigem Fotokarton herstellen. Das Blumenpapier auf die Grundkarte kleben. Das Namensschild beschriften, lochen und nun wie oben beschrieben an der Tischkarte befestigen.

Serviettenring

Jeweils einen Streifen, 3,5 x 18 cm aus farbigem Fotokarton, 2,5 x 18 cm aus weißem Fotokarton, 2 x 18 cm aus Blumenpapier schneiden. Die Streifen wie abgebildet übereinanderkleben, dann die Enden aufeinanderlegen und ein Loch stanzen. 15 cm Organzaband durchziehen und zur Schleife binden. Die Serviette einlegen.

Einladung zur Konfirmation
Einladung zur Kommunion
Niklas
Hannah

Fische auf Wellen

Material

Alle Karten

- Filzfische in Mint, Hellblau, 5 cm lang
- Feinwellpappe in Weiß
- Fotokarton in Weiß
- Transparentpapier in Grün- und Blautönen
- Stickerbogen mit Punkten und Streifen in Silber
- Doppelseitiges Klebeband, transparent, 3 mm breit
- Filzstift in Grün, Blau

Einladungskarte

- Fotokartonrest in Blau

Tischkarte

- Organzaband in Blau, 0,5 cm breit

Serviettenring

- Filzfische mit Öffnung in Mint, Hellblau, 5 cm lang

Teelichthalter „Fisch"

- Teelichthalter „Fisch" aus Pappe, 2 und 4 cm hoch
- Bastelfarbe in Grün- und Blautönen
- Glas-Halbperlen in Dunkelgrau, 0,5 mm Ø
- Haushaltsschwämmchen

Vorlagen F1 - F3

Einladungs- und Menükarte

Die Karten nach Vorlage F1 (Einladungskarte) und F2 (Menükarte) herstellen. Die Grundkarte aus weißer Feinwellpappe zuschneiden und falten (siehe Anleitung Seite 4). Transparentpapiere in wellenförmige Streifen reißen und mit doppelseitigem Klebeband übereinanderkleben.
Die Schriftsegmente kopieren und ausmalen oder vom Internet ausdrucken, dann ausschneiden. Nun bei der Einladungskarte wie abgebildet unter das Schriftsegment dunkelblauen Fotokarton, 4,5 x 10 cm, kleben. Schriftsegmente und Fische auf die Karten kleben. Silberpunkte vom Stickerbogen abnehmen und auf den Wellen anbringen.

Tischkarte

Nach Vorlage F3 arbeiten. Die Wellpappe und das Transparentpapier zuschneiden. Die Wellpappe zur Karte falten (siehe Anleitung Seite 4).
Das Transparent mit doppelseitigem Klebeband auf die Grundkarte kleben. Darauf die silbernen Streifen vom Stickerbogen und die Silberpunkte wie abgebildet anbringen. Den Filzfisch in die Mitte kleben. Das Namensschild auf weißen Fotokarton übertragen, ausschneiden, beschriften und mit Organzaband an die Tischkarte binden.

Teelichthalter „Fisch"

Bastelfarbe in Grün- und Blautönen mit einem Haushaltsschwämmchen so auf die Pappfische tupfen, dass sich die Farben stellenweise vermischen. Nach dem Trocknen die Glas-Halbperlen aufkleben.

EINLADUNG
Lukas
Menü

Fische auf Mint

Material

Einladungs- und Danksagungskarte

- Feinwellpappe in Mint
- Filzfische in Mint, Hellblau, 5 cm lang
- Transparentpapier in Mint, Hellblau
- Fotokarton in Weiß
- Rundkopfklammern in Pastelltönen oder Silber, 4 mm lang
- Sticker mit Streifen und Punkten in Silber
- Doppelseitiges Klebeband, transparent, 3 mm breit

Danksagungskarte

- Kordel in Silber, 1,5 mm ∅

Kerze

- Kerze in Weiß, 20 cm lang, 8 cm ∅
- Wachsfolie in Türkis, Blau
- Wachs-Zierstreifen in Silber, 3 mm
- Wachsbuchstaben in Silber

Vorlagen F4, F5

Einladungs- und Danksagungskarte

Die Einladungskarte nach Vorlage F4, die Dankeskarte nach Vorlage F5 gestalten. Zunächst die Wellpappe für die Grundkarte zuschneiden und falten (siehe Anleitung Seite 4). Nun das Transparentpapier zuschneiden und vorne mit transparentem Klebeband fixieren. Die jeweiligen Texte kopieren und ausmalen oder aus dem Internet ausdrucken, dann ausschneiden. Das Textsegment für die Einladungskarten wie abgebildet auf die Karte kleben, das für die Dankeskarte lochen und später mit der Kordel an die Karte binden. Für jeden Fisch ein Rechteck aus Transparentpapier schneiden und mit doppelseitigem Klebeband auf der Wellpappe fixieren, die Ränder, wenn gewünscht, mit silberfarbenen Stickerstreifen verzieren. Die Rundkopfklammern anbringen oder silberne Punkte vom Stickerbogen verwenden. Die Fische mit Klebstoff auf dem Transparentpapier fixieren. Wenn Rundkopfklammern verwendet wurden, innen über die Klammer-Enden ein Einlegeblatt aus Fotokarton kleben.

Kerze

Das silberne, wellpappenähnliche Segment aus Wachszierstreifen zuschneiden. Aus der blauen und hellgrünen Wachsfolie jeweils ein Rechteck und einen Fisch herstellen (siehe Anleitung Seite 5). Den blauen Untergrund für die Schrift so zuschneiden, dass er um die ganze Kerze geführt werden kann. Auch die silbernen Zierstreifen rund um die Kerze legen. Rechtecke, Fische und Buchstaben vorsichtig auf die Kerze drücken. Kleine Stücke von dem Zierstreifen ab-schneiden und als Eckpunkte in die Rechtecke setzen.

Tischkarte

Nach den Materialangaben und der Anleitung auf Seite 20 herstellen.

MARIAN
Einladung
zu meiner
Kommunion
DANKE
Lukas

Stilisiertes Kreuz

Material

Einladungs- und Tischkarten

- Wellpappe in Orange oder Türkis
- Batikpapier in Orange oder Türkis
- Tonkarton in Gelb, Orange oder Petrol
- Geschenkband in Gelb, 0,5 cm breit
- Holzperle in Gelb oder Orange, 1 cm Ø

Einladungkarte

- Stempel „Einladung zu meiner Kommunion/ Konfirmation"
- Embossing-Stempelkissen, transparent
- Embossingpulver in Gold oder Silber
- 3D-Klebestreifen
- Doppelseitiges Klebeband, transparent, 3 mm breit

Serviettenringe

- Geschenkband in Gelb oder Türkis, 0,5 cm breit
- Holzperle in Gelb, 1 cm Ø

Vorlagen G1, G2

Einladungskarte

Die Karte nach Vorlage G1 herstellen. Die Grundkarte aus Wellpappe zuschneiden und falten (siehe Anleitung Seite 4). Aus Wellpappe derselben Farbe das stilisierte Kreuz zuschneiden. Nun das Batikpapier, das gelbe Rechteck, auf dem das Kreuz sitzt, und den Fotokarton, auf den die Einladung gestempelt wird, zuschneiden. Den Text aufstempeln und mit Embossingpulver bearbeiten (siehe Anleitung Seite 5). Das Batikpapier auf die Grundkarte kleben. Das Kreuz mit 3D-Klebestreifen auf die gelbe Unterlage bringen, das Ganze dann mit 3D-Streifen auf der Karte fixieren. Das Kärtchen mit Schrift nun wie abgebildet mit 3D-Klebestreifen befestigen. Unterhalb des Kreuzes das gelbe Bändchen, ca. 40 cm lang, mit dem transparenten Klebeband fixieren. Die Band-Enden durch die Perle ziehen und verknoten.

Tischkarte

Die Tischkarte nach Vorlage G2 arbeiten. Wellpappe für die Grundkarte schneiden und falten (siehe Anleitung Seite 4). Die Rechtecke aus Batikpapier und gelbem Fotokarton schneiden. Batikpapier auf die Karte kleben. Zum Schluss das gelbe Kärtchen mit Namen versehen und mit 3D-Klebestreifen anbringen. Ein 20 cm langes Band um die vordere Seite der Tischkarte legen und wie die Einladungskarten mit einer Perle verschließen.

Serviettenbänder

Pro Serviette zwei Bänder, 24 cm, abschneiden und wie oben beschrieben anbringen. Mit der Perle die Weite regulieren.

EINLADUNG ZU MEINER KONFIRMATION
Einladung zu meiner Kommunion
JANA
MARIAN

Kelchsymbol

Material

Einladungs- und Tischkarte

- Fotokarton in Weiß, Silber, Mint, Petrol
- Geprägtes Papier „Pleasure" in Mint
- Stickerbogen mit Streifen in Silber

Einladungskarte

- Karte in Petrol, 21 x 10,5 cm
- Transparentpapier „Glaube, Liebe, Hoffnung"
- Folienkleber und Metallicfolie in Silber
- 3D-Klebestreifen
- Doppelseitiges Klebeband, transparent, 3 mm breit

Kerze

- Kerze in Weiß, 25 cm hoch, 8 cm Ø
- Wachsstreifen „Perle" in Silber, 3 mm
- Wachsplatte in Hellgrün & in Silber, marmoriert
- Wachsstreifen in Silber, 1 mm
- Wachsbuchstaben in Silber

Vorlagen H1 - H3

Einladungskarte

Die Karte nach Vorlage H1 herstellen. Zunächst das Schriftsegment anfertigen (siehe Anleitung Seite 4). Die einzelnen Kelchsegmente aus den entsprechenden Papieren ausschneiden. Den obersten Kelch auf den weißen Kelch kleben. Mit dem Folienkleber die zwei Linien ziehen. Nach dem Trocknen die Metallicfolie mit der schönen Seite nach oben auf die Klebespur legen, leicht andrücken und abziehen. Alternativ die Linien durch silberne Streifen vom Stickerbogen ersetzen. Das unterste, mintgrüne Segment mit Kleber und das halbrund geschnittene Transparentpapier mit transparentem Klebeband auf die Grundkarte kleben. Nun das obere Kelch-Segment mit 3D-Klebestreifen anbringen. Falls gewünscht, die Menükarten genauso gestalten und nur die Schrift „Menü" vom Vorlagenbogen verwenden.

Tischkarte

Die einzelnen Teile aus den entsprechenden Papieren nach Vorlage H2 ausschneiden und wie abgebildet aufkleben. Mit silbernen Streifen vom Stickerbogen verzieren und den Namen auf die Karte schreiben.

Kerze

Zunächst nach der Vorlage H3 den türkisfarbenen Hintergrund erstellen, auf der Kerze anbringen und mit schmalen Silberstreifen umranden (siehe Anleitung Seite 4).
Das marmorierte Element und die Buchstaben vorsichtig aufdrücken. Zum Schluss den Kelch aus den Wachsstreifen „Perle" schneiden und anbringen.

BRITTA
Einladung
Oma

Klassische Karten

Material

Karte in Gold

- Feinwellpappe in Gold
- Fotokarton „Spirit" mit Fischmotiv in Gold
- Tonpapier in Elfenbein
- Plastikkreuz in Gold, 2,8 cm
- Draht in Weiß, 6 cm

Karte in Silber

- Karte in Weiß, 17 x 12 cm, B6
- Fotokarton „Spirit" mit Fischmotiv
- Feinwellpappe in Silber
- Tonpapier in Silber
- Glas-Halbperlen in Weiß, 0,3 cm Ø
- Stickerbogen „Buchstaben"

Danke-Päckchen

- Transparentpapier „Spirit"
- Fotokarton in Silber
- Duo-Sticker „Einladung/Danke"
- Samtpapier in Weiß
- Garn in Silber

Vorlagen C1, C3, J1

Karte in Gold

Nach Vorlage J1 herstellen. Die Schriften auf elfenbeinfarbenes Papier vom Internet ausdrucken oder von der Vorlage kopieren, zuletzt ausschneiden. Goldene Wellpappe zuschneiden und falten (siehe Anleitung Seite 4). Das Schriftsegment vorne aufkleben. Den Karton mit Fischmotiv und den Kreis zuschneiden und auf der Karte anbringen. Mit einer Nadel an der bezeichneten Stelle ein Loch stechen. Den Draht durch das Kreuz ziehen und das Kreuz mit wenig Klebstoff unter dem Schriftsegment fixieren.

Karte in Silber

Die Karte nach Vorlage C1 und der Anleitung auf Seite 12 herstellen. Dabei anstelle des Fotokartons mit den bunten Fischen den abgebildeten Karton verwenden.

Danke-Päckchen

Das Päckchen nach Vorlage C3 fertigen. Die Vorlage auf das Transparentpapier übertragen, auch die Faltlinien. Die Form ausschneiden, die Faltlinien vorsichtig mit der Scherenspitze nachziehen. Das Papier in der Mitte falten und an der linken Lasche zusammenkleben. Dann die seitlichen, halbrunden Laschen abfalten und so das Päckchen schließen. Den Schriftzug „Danke" nach der Rub-Off-Methode mithilfe des Samtpapieres auftragen (siehe Anleitung Seite 5).

Einladung zur Konfirmation
Danke

Edel: Weiß & Silber

Material

Menü- und Tischkarte

- Karte in Weiß, 17 x 12 cm, B6
- Fotokarton „Spirit" mit Fischen in Silber
- Feinwellpappe in Silber
- Tonpapier in Silber
- Glas-Halbperlen in Weiß, 0,3 cm Ø
- Stickerbogen „Buchstaben" in Silber

Serviettenhalter

- Fotokarton „Spirit" mit Fischen in Gold
- Tonpapier in Silber
- Stickerbogen „Buchstaben"
- Garn in Silber, 0,8 mm Ø

Kerze

- Kerze, oval, 21,5 cm hoch, in Weiß
- Wachsstreifen „Perle" in Silber, 3 mm
- Wachsbuchstaben in Silber
- Wachsplatte in Silber
- Flitter, ultrafein, in Silber
- Wattebällchen
- Silhouettenschere „Wellen"

Vorlagen C1, C2, J2, J3

Menü- und Tischkarte

Die Menü- und Tischkarte nach der Anleitung auf Seite 12 und den Vorlagen C1 und C2 fertigen, dabei den Karton mit Fischen in Silber verwenden. Den Schriftzug für die Menükarte aus Buchstaben vom Stickerbogen zusammensetzen. Zum Schluss die Halbperle als Auge anbringen.

Serviettenhalter

Zunächst das Päckchen nach Vorlage J2 herstellen. Dann den Fisch aus silbernem Fotokarton schneiden und die Namen mit Buchstaben vom Stickerbogen anbringen. In Fisch und Serviettenhalter Löcher stanzen und den Fisch mit der Kordel am Serviettenhalter anbringen.

Kerze

Den Fisch nach Vorlage J3 aus der Platte mit den silbernen Wachsstreifen „Perle" gestalten und wie abgebildet aufbringen (siehe Anleitung Seite 5) Streifen nicht einzeln ablösen, sondernals Fläche ausschneiden. Von der silbernen Wachsplatte zwei Streifen, 21,5 x 0,5 cm und 0,3 x 9,5 cm, abschneiden und wie abgebildet befestigen. Die Halbperle mit Klebstoff bestreichen und eindrücken. Die Wachsbuchstaben unterhalb des Fischkörpers befestigen. Für die Wellen mit der Silhouettenschere feine Abschnitte von der silbernen Wachsplatte zuschneiden und auf der Kerze fixieren. Zum Schluss ein wenig ultrafeinen Flitter auf den Wattebausch geben und im Bereich der Wellen vorsichtig auftupfen.

BASTIAN
Manuel
MENÜ
BRITTA

Impressum

ISBN 978-3-419-56823-1

Lektorat:
Matina Wesser, Freiburg

Styling und Fotos:
Fotodesign Nielsen, Freiburg
Titelfoto: Fotodesign Nielsen, Freiburg

Covergestaltung und Layoutentwurf:
Network!, München

Coverrealisierung:
smp, Freiburg

Produktion:
smp, Freiburg

Druck:
Freiburger Graphische Betriebe

Verlag Herder GmbH
Christophorus-Verlag
Hermann-Herder-Str. 4
79104 Freiburg

Tel.: 07 61/27 17-0
Fax: 07 61/27 17-35 2

E-Mail:
info@christophorus-verlag.de
www.christophorus-verlag.de

Weitere Titel aus dieser Reihe

ISBN 978-3-419-56797-5

ISBN 978-3-419-56747-0

ISBN 978-3-419-56792-0

ISBN 978-3-419-56790-6

Kreativ-Service

Sie haben Fragen zu den Büchern und Materialien? Frau Erika Noll ist Sie da und berät Sie rund um die Themen Basteln und kreatives Hob Rufen Sie an! Wir interessieren uns auch für Ihre eigenen Ideen Anregungen. Schreiben Sie an Frau Noll oder direkt an den Verlag, wir hö gern von Ihnen! Per E-Mail: **mail@kreativ-service.info** oder Tel. **+49(0)71 50/30 27 77** | Mo. – Do.: 9.00 – 16.00 Uhr / Fr.: 9.00 – 13.00